PUENTES de TIZA:
Pedagogía del vínculo, enseñar con método y emoción en FP

Alfredo García Romana

Puentes de Tiza

Pedagogía del vínculo, enseñar con método y emoción en FP

Vision Libros

© Obra: PUENTES DE TIZA:

Pedagogía del vínculo, enseñar con método y emoción en FP

Primera edición: Junio, 2025

© Autor: ALFREDO GARCÍA ROMANA

ISBN: 978-84-10039-86-5
Depósito Legal: M-14468-2025

Ilustración de cubierta: Juan Francisco Ortega Lorite

Maquetación: Jesús Navarro Bravo

© Editado por VISION LIBROS www.visionlibros.com

Gestión, promoción y distribución: Grupo Editor Vision Net S.L.
C./ San Ildefonso 17, local, 28012 Madrid. España.
Tlf: 0034 91 3117696 // Email: pedidos@visionnet.es
www.visionnet-libros.com

Disponible en librerías físicas y online.

Las opiniones expresadas en este trabajo son exclusivas del autor. No reflejan necesariamente las opiniones del editor, que queda eximido de cualquier responsabilidad derivada de las mismas.

ÍNDICE

INTRODUCCIÓN

Hola. Mi nombre es Alfredo García y este libro nace del aula, pero sobre todo, del corazón de un proceso compartido durante dos años de formación profesional. Dos años en los que no solo enseñé marketing, recepción hotelera y comercialización de eventos, sino en los que fuimos construyendo, casi sin darnos cuenta, un espacio humano lleno de sentido: un aula donde el conocimiento convivió con la emoción, y el contenido con el vínculo.

"**Puentes de tiza**" es más que un título. Es una metáfora de lo que tejimos en cada clase: una red invisible hecha de palabras, miradas, preguntas, silencios, descubrimientos, y también de dudas y contradicciones. Como los trazos de tiza sobre la pizarra, quizás frágiles o momentáneos, pero capaces de **unir orillas y construir caminos**. Caminos que hoy, al finalizar este ciclo, siguen en dirección a un mundo profesional cada vez más veloz, más exigente y, por momentos, más deshumanizado.

La **pedagogía del vínculo** no es solo una forma de enseñar, sino una forma de estar. Se trata de mirar al otro no solo como alumno, sino como persona, alguien en proceso de convertirse en profesional. Y eso solo se logra desde el respeto, la escucha y la presencia diaria.

Este pequeño libro de bolsillo es un homenaje a **cada día compartido en el ciclo formativo de grado superior**, a **cada palabra, gesto, proyecto, incertidumbre, actividad, salida, excursión y logro** que llenó de sentido nuestra experiencia. Pero, sobre todo, es una **obra colectiva**: recoge los fragmentos, recuerdos y emociones que **los alumnos han querido dejar por escrito**, desde su mirada, desde su vivencia personal y auténtica.

Aquí no hay grandes discursos teóricos ni fórmulas educativas. Lo que hay es vida. Se trata del testimonio de algunos alumnos que han deseado dejar su impronta en estas páginas, quienes se identifican con una habitación del centro educativo, con un río de su país o su pasión por la música, entre otras cuestiones. La vida que ocurrió en clase cada día: en las dinámicas, en los debates, en los trabajos en grupo, en las pausas para respirar, en los momentos en los que lo importante no fue el contenido, sino el cuidado. Porque educar no es solo preparar para el empleo, sino para la vida. Para cuidarnos mientras vivimos.

En tiempos donde lo instantáneo, lo útil y lo cuantificable parecen ser los únicos indicadores de valor, este libro levanta una bandera distinta. La de la **educación que rasca el alma**, que se toma el tiempo de ver a los muchachos y muchachas tal como son, con todo lo que traen dentro. La que entiende que enseñar también es abrazar, sostener, aflojar, confrontar con ternura, y celebrar cada pequeño paso con ellos.

Aquí no hay grandes fundamentos empíricos. Lo que hay es verdad. La verdad de lo vivido en el aula. La de los días buenos y soleados y los difíciles y lluviosos. La de las risas, los aprendizajes, los desafíos, las clases donde todo fluía y las que nos costaron más. Porque **cada día contó, y todos dejaron huella**. Pero que bien seguro nos preparamos para un mundo competitivo, voraz y rápido. El mundo laboral.

Frente a ese contexto —un mercado laboral cada vez más automatizado, globalizado y orientado a lo inmediato—, esta experiencia educativa quiso **hacer una pausa para mirar más allá de los contenidos y**

los resultados de aprendizaje. Quiso detenerse. Escuchar. Preguntar. Acompañar. Y sobre todo, **reconocer a cada alumno como sujeto de aprendizaje**, como persona que no llega vacía al aula, sino con una mochila cargada de emociones, sueños, inseguridades, fortalezas y un profundo deseo de construir un futuro que tenga sentido.

En el centro de esta experiencia han estado ellos: los alumnos. Con sus historias, sus nombres, sus gestos, sus formas únicas de estar y de aprender. Con su humanidad, que desbordó cualquier programa o currículum. No fueron solo destinatarios de una metodología, sino los **protagonistas de un proceso de transformación.** Porque enseñar no es solo transmitir conocimientos, sino crear las condiciones para que el otro se descubra capaz, válido, digno. Y eso solo se logra cuando la enseñanza se vincula con el alma.

Este libro es un **acto de reconocimiento y memoria.** Un regalo para ellos, pero también un reflejo para mí, como docente. Está compuesto por los textos, pensamientos y recuerdos que cada uno de ellos ha querido dejar por escrito. Fragmentos llenos de verdad y emoción, en los que relatan su paso por estas aulas desde su propia mirada. Lo que aquí se recoge no es una evaluación, ni un resultado académico. Es una crónica íntima de lo vivido: **la huella emocional que deja el enseñar con método y con afecto**.

Gracias, chicos y chicas, por haber sido parte de este maravilloso viaje que comenzamos en septiembre de 2023. Por dejarme entrar en vuestro proceso, por confiar, por aportar tanto. Este libro es para vosotros y por vosotros. Que lo llevéis en la mochila, sí. Pero sobre todo, que lo guardéis en el corazón.

A continuación, en las páginas siguientes vamos a adentrarnos en la historia de 3 alumnos que han querido compartir con nosotros su paso por este centro. Para ello se les dio la oportunidad de redactar su hola aportación en tercera persona y cubrirse bajo el paraguas de un río, un objeto especial, un espacio simbólico del instituto donde han estudiado, simplemente identificarse con un árbol o un instrumento musical.

CAPÍTULO I:
Río Zambeze

Respecto a su presentación, nos centraremos en decir que es una joven cuya historia está marcada por la fuerza, el amor y la valentía. Desde muy pequeña, supo lo que era tomar decisiones difíciles, esas que duelen pero que también hacen crecer. Nació en un país diferente, donde pasó sus primeros años de vida rodeada del cariño de su madre, su mayor referente, su fuerza y su refugio. Pero la vida, con sus circunstancias complejas, las llevó a separarse. No fue una separación cualquiera: fue un acto de amor silencioso, en el que ambas entendieron con el corazón roto que lo mejor para ella era dejar atrás a su madre y su tierra, para tener una oportunidad de construir un futuro mejor en otro lugar.

Venir a España no fue fácil. Era una niña en un país nuevo, donde todo era distinto: el idioma, la forma de vivir, la gente, la cultura. Lo que para otros era rutina, para ella era aprendizaje constante. Tuvo que aprender a comunicarse desde cero, a entender lo que otros decían, y a expresarse con palabras que al principio sentían ajenas. Pero lo hizo. Lo logró. Poco a poco, fue encontrando su lugar, con esfuerzo, con lágrimas a veces, pero también con una fuerza que ni ella sabía que tenía.

Su adaptación no fue solo externa. También tuvo que aprender a conocerse por dentro, a descubrir quién era realmente en medio de tantas transformaciones. Durante años vivió con el corazón dividido: por un lado, la nostalgia por todo lo que dejó atrás su madre, su tierra, sus raíces y por otro, la esperanza de todo lo que estaba por venir. Ha tenido que despedirse de personas muy importantes en su vida, soltar vínculos que le dolían, pero que no la hacían bien. Entendió, con mucho dolor, que a veces hay que alejarse incluso de lo que se ama, para poder estar en paz consigo misma.

Uno de los grandes retos que ha enfrentado ha sido superar un pasado lleno de heridas emocionales. Ha cargado con recuerdos duros, con silencios prolongados, con preguntas sin respuesta. Pero en lugar de dejarse vencer por ese peso, lo transformó en fuerza. En lecciones. Porque si algo la define, es su capacidad de levantarse una y otra vez. Con lágrimas, sí con miedo, muchas veces. Pero siempre con la decisión firme de seguir adelante.

Hoy, es una mujer que continúa construyéndose. Sigue formándose, estudiando, creciendo. Le apasiona el mundo, los idiomas, la posibilidad de conocer otras culturas y formas de ver la vida. Está convencida de que el conocimiento, el trabajo interior y la empatía son claves para vivir con propósito. Su sueño no es solo tener una carrera profesional estable, sino también lograr una vida plena, rodeada de amor, calma, y sobre todo, autenticidad.

Quiere ser feliz. Pero no cualquier felicidad: quiere una felicidad libre, construida desde la verdad, desde su esencia, sin tener que fingir, sin tener que cargar con culpas ni pasados que ya no le pertenecen. Quiere éxito, sí, pero no medido por estatus, sino por paz interior, por sentir que su vida tiene sentido, que inspira, que aporta algo bueno al mundo.

Su historia es un testimonio de coraje. De cómo una niña que tuvo que decir adiós demasiado pronto, se convirtió en una mujer fuerte, valiente, capaz de superar sus sombras y abrazar la luz que hay en ella. Aún queda mucho por recorrer, muchos sueños por cumplir pero si algo es seguro, es que está en el camino correcto. Y ese camino es suyo, lo ha construido con cada paso, con cada herida sanada, y con cada decisión tomada desde el amor propio.

Con relación a su curriculum académico, Zambeze ha demostrado a lo largo de su trayectoria académica una notable capacidad de superación personal, compromiso con el aprendizaje y una profunda vocación por el ámbito del turismo y los idiomas. Su recorrido educativo comenzó en la Escuela para Personas Adultas, donde cursó y finalizó con éxito la Educación Secundaria Obligatoria (ESO), mostrando desde el inicio una fuerte motivación por continuar formándose y alcanzar nuevos objetivos académicos.

Con la finalidad de acceder a estudios universitarios, se preparó de manera intensiva durante 6 meses, para la prueba de acceso a la universidad para mayores de 25 años, la cual superó satisfactoriamente. Este logro no solo evidenció su dedicación, sino también su firme voluntad de continuar creciendo a nivel académico y profesional.

Posteriormente, inició sus estudios en el Ciclo Formativo de Grado Superior en Gestión de Alojamientos Turísticos, una formación en la que acaba de finalizar y en la que ha podido desarrollar competencias clave para el sector turístico, tales como la planificación, coordinación y gestión de establecimientos de alojamiento, además de una atención personalizada y profesional al cliente.

Durante su formación, ha mostrado especial interés por el aprendizaje de idiomas, los cuales cursa de forma continua hasta el día de hoy, reconociendo su importancia en el entorno turístico nacional e internacional.

Respecto a la ayuda y vinculación con el profesorado, Zambeze reconoce que con el tiempo, la vida le fue regalando personas que marcarían su camino de formas inesperadas. Una de esas etapas que guarda con más cariño es su paso por el Instituto de Miralbueno, donde no solo continuó su formación académica, sino también su crecimiento personal. Allí, encontró mucho más que un lugar donde estudiar: encontró un espacio donde sentirse vista, escuchada y comprendida.

En este instituto, tuvo la suerte de cruzarse con profesores que no eran simplemente docentes. El equipo de profesores con los que se encontró eran guías, referentes, personas que supieron ver en ella más allá de los exámenes o las notas. Supieron ver su historia, su esfuerzo, su sensibilidad, y acompañarla con un respeto profundo y una cercanía que no siempre es fácil de encontrar. Con ellos compartió mucho más que clases, cafés, cenas y celebraciones, risas, confesiones e historias personales.

Fueron muchas las conversaciones que la marcaron, muchos los consejos que atesora, muchas las veces que una palabra amable llegó justo cuando más la necesitaba. Todas las profesoras han sido especiales, pero si hay una figura que ocupa un lugar muy especial en su corazón, es la de un profesor con el que logró una conexión única. Es él. No solo fue un maestro en el aula, sino también un apoyo incondicional, una fuente de inspiración y, sobre todo, un espejo donde pudo verse reflejada sin miedo ni juicio.

Este profesor tenía una forma especial de estar. No solo enseñaba, habitaba el aula con una presencia que se sentía como un refugio. Escuchaba con el alma, sin prisas, sin barreras, como si cada palabra del alumno tuviera un lugar sagrado en su atención. Sabía cuándo guardar silencio, ese silencio lleno de sentido que da espacio al otro, y cuándo decir justo lo que hacía falta, con la palabra precisa que calmaba, guiaba o iluminaba. Tenía una mirada capaz de ver más allá de las notas o los gestos, una mirada que leía el alma y respondía con humanidad. En los días difíciles, en los momentos en los que una pensaba que nadie notaría su tristeza, él estaba. Sin aspavientos, sin discursos, simplemente estaba. Y ese estar lo cambiaba todo.

Con él no solo se aprendía. Se respiraba un modo distinto de relacionarse con el mundo, con la profesión, con las personas. Su forma de estar en el aula, de caminar por los pasillos, de compartir incluso el silencio, era una lección constante de empatía, de respeto profundo, de generosidad. Enseñaba valores sin nombrarlos, solo viviéndolos.

Quienes tuvimos la suerte de coincidir con él sabemos que dejó una huella serena pero imborrable. Porque no se trataba solo de enseñar contenidos, sino de tocar vidas. Y él, con su forma discreta y luminosa de hacerlo, las tocó para siempre.

Su manera de comprender a los alumnos iba más allá de lo académico. Estaba presente incluso en los momentos más difíciles, sin juicios, con una paciencia serena y una ternura que no hacía ruido, pero que dejaba huella. A su lado uno no solo aprendía contenidos, sino que también se aprendía a ser mejor persona. Porque en sus gestos, en su mirada, en su forma de estar, enseñaba empatía, humanidad, respeto... y el poder sanador de una presencia genuina. Una de esas que se recuerdan siempre, no por lo que dijo, sino por lo que hizo sentir.

Ella, Zambeze, vivió uno de los momentos más difíciles de su formación durante sus prácticas en el extranjero. Una mala organización la dejó sola, desorientada, en un país que no conocía, sin referentes cercanos, sin un apoyo tangible al que aferrarse. El miedo, la incertidumbre y la sensación de abandono comenzaron a pesar más que cualquier maleta.

Pero entonces ocurrió algo inesperado. Su profesor, al enterarse de la situación, no dudó. Llamó por teléfono y estuvo dispuesto a cruzar todo un país para verla con sus propios ojos, para asegurarse de que estuviera bien, para decirle con su presencia (más que con palabras) que no estaba sola. Ese gesto, tan sencillo en apariencia, fue en realidad un acto de profundo cuidado. Y marcó su vida. Durante los dos años de formación, este profesor hablaba a menudo en clase sobre la importancia del cuidado entre las personas, sobre la necesidad de tejer redes sólidas que sostuvieran no solo lo académico, sino también lo emocional y lo humano. Insistía en que el cuidado no era algo accesorio, sino un pilar fundamental en cualquier entorno profesional o vital. Pero fue en aquel momento, cuando Zambeze lo vio decidido a cruzar un país por ella, cuando esas palabras cobraron un sentido pleno. Ahí entendió que aquella red de la que tanto hablaba no era solo una idea: era real, profunda, y estaba viva. Y que él, con su gesto, demostraba que el verdadero cuidado se practica, se encarna, y se convierte en refugio cuando más se necesita.

Gracias a él, a su inmejorable tutora y al resto del equipo docente que la acogió después en su regreso a la ciudad de origen, con tanto cariño, Zambeze comenzó a sanar. A recuperar el aliento. A creer más en sí misma, no como quien aprende una lección, sino como quien descubre una verdad que llevaba tiempo dormida en el pecho. Empezó a comprender que su historia no era una carga, sino una fuente de fuerza. Que mostrarse vulnerable no era sinónimo de debilidad, sino un camino hacia la conexión verdadera.

Descubrió, también, que había personas que la admiraban, que realmente se preocupaban por ella. No solo por su rendimiento académico, sino por su bienestar emocional, por su crecimiento como persona. Aprendió que podía confiar, abrirse, y dejarse cuidar. Que había adultos capaces de sostener sin juzgar, de guiar sin imponer, de estar… simplemente estar, cuando más se necesita.

Y esa certeza —la de verse acompañada— se volvió un faro que aún hoy la ilumina.

El instituto de Miralbueno se convirtió así en uno de esos lugares que no se olvidan. No solo por las aulas, los horarios o los exámenes, sino por lo que sucedió en los márgenes de todo eso: los vínculos que se tejieron, las palabras que sostuvieron, los silencios que abrazaron. Fue un lugar de transformación real, de esos que marcan un antes y un después en la vida de una persona. Un lugar donde las heridas encontraron espacio para respirar, y donde poco a poco comenzaron a cicatrizar.

Allí, Zambeze no solo aprendió contenidos; aprendió a confiar, a sentirse vista y valorada. Aprendió que hay espacios educativos donde se puede ser sin miedo, donde la vulnerabilidad no se castiga, sino que se cuida. Porque a veces, lo que más necesita una persona no es una lección más, ni una nota brillante, sino alguien que la mire con ternura y le diga, con la firmeza que da el amor genuino: *"Lo estás haciendo bien. Estoy aquí contigo para lo que necesites"*.

Y esa mirada, ese abrazo sincero, esa presencia que no exige nada pero lo entrega todo, quedó grabada en lo más profundo. Porque hay gestos que atraviesan la piel y se alojan en el alma. Gestos que no terminan cuando acaba el curso, sino que permanecen como una luz interna que guía en los momentos oscuros.

El instituto de Miralbueno fue, para ella, mucho más que un centro educativo: fue refugio, impulso y hogar. Y por eso, por quienes lo habitan con tanta humanidad, lo llevará siempre en el corazón.

Para finalizar con este capítulo, quisiera realizar una dedicatoria. Una dedicatoria a mi madre, que con su amor infinito me enseñó el valor del sacrificio y la esperanza. A ella, que aunque la distancia nos separó, jamás dejó de estar presente en mi vida ni en mi corazón. Todo lo que soy, todo lo que lucho y todo lo que sueño, lleva su nombre grabado.

A mis profesores del Instituto de Miralbueno, por haber sido mucho más que educadores. Por su calidez, su humanidad, y por enseñarme que el aula también puede ser un refugio. Gracias por cada palabra de aliento, por cada gesto sincero y por hacerme sentir que valgo, incluso en mis días más oscuros.

Y en especial, a ese profesor que supo verme de verdad. Gracias por escucharme sin juzgar, por comprender incluso mis silencios, y por hacerme sentir que no estaba sola. Tu manera de acompañar ha dejado una huella en mi vida, una que guardaré siempre con gratitud. Gracias por creer en mí, incluso cuando yo no lo hacía. Gracias por ayudarme a reconstruirme.

No quisiera llegar al final de mi capítulo sin agradecerá mis compañeros y justificar por qué he elegido identificarme con el río Zambeze. La justificación es la siguiente. Y, es que, con el paso del tiempo, ella ha evolucionado profundamente. Lo que alguna vez fue fragilidad, hoy es fortaleza; lo que fue miedo, hoy es coraje. El camino no ha sido fácil, y cada herida, cada caída, cada silencio largo, ha sido una parte del proceso que la llevó a convertirse en la mujer que es hoy: fuerte, consciente, y sobre todo, profundamente comprensiva.

Ha aprendido a mirarse con más compasión, a respetar su proceso, y también a abrazar su historia, sin vergüenza ni culpa.

Antes luchaba contra lo que sentía, ahora lo honra. Ha pasado de sentirse sola a saber que su valor no depende de la aprobación ajena. Hoy, se conoce, se escucha, y se prioriza. Y esa transformación no ha ocurrido de la noche a la mañana, ha sido el resultado de muchas batallas internas, de noches en las que eligió no rendirse, y de una valentía silenciosa que la ha acompañado siempre, incluso cuando ni ella era consciente.

Ahora es una persona más empática, más abierta, más capaz de ver el dolor ajeno porque ha conocido el suyo muy de cerca. Comprende sin juzgar, acompaña sin imponer. Ha aprendido que ser fuerte no es no llorar, sino tener el coraje de seguir adelante incluso con lágrimas en los ojos.

Por eso, cuando llegó el momento de elegir un nombre para su memoria final, no dudó. Eligió el nombre del río más fuerte y peligroso de África: el río Zambeze. Un río imponente, de aguas indómitas, que nace silencioso en las tierras altas de Zambia y recorre miles de kilómetros atravesando bosques, sabanas y gargantas profundas hasta desembocar en el océano Índico. Un río que arrastra con una fuerza incontenible, que talla paisajes con su paso, que en su trayecto forma cataratas tan majestuosas como las Victoria (una de las maravillas naturales del mundo), y que, al mismo tiempo, riega la tierra, sostiene comunidades enteras y da vida en su desbordante generosidad.

El Zambeze es impredecible, salvaje, hermoso. Capaz de desbordarse con furia, pero también de fluir con una serenidad poderosa. A veces asusta, porque no se deja domesticar, porque no responde a los moldes. Pero en esa misma fuerza reside su belleza. Para ella, ese río era más que un símbolo: era un espejo. Porque así ha sido su camino (intenso, complejo, lleno de obstáculos y giros inesperados) pero también lleno de vida, de coraje, de transformación.

Elegir ese nombre no fue solo una elección estética. Fue una afirmación de identidad, una forma de decir: "Soy como este río. He aprendido a abrazar mi fuerza, a aceptar mis corrientes internas, a reconocer que incluso mis crecidas forman parte de mi belleza". Y así, su memoria final no solo recoge un trabajo académico, sino una historia de renacimiento. Una declaración de que, como el Zambeze, su historia también arrastra, nutre y sigue fluyendo hacia horizontes nuevos.

Ese río simboliza lo que ella es ahora: una mujer que ha atravesado tormentas, que ha sido arrastrada por corrientes intensas, pero que ha salido a flote, más viva, más libre, más suya. Así como el río Zambeze ruge entre la selva, ella ha aprendido a alzar su voz entre los miedos, a fluir incluso en medio del caos, y a saberse poderosa, incluso cuando el mundo parece oscuro. Ella se nombra, se defiende, se celebra. Y, como el río Zambeze, avanza con fuerza, dejando huella en cada rincón que toca.

Ahora sí, mi relación con mis compañeros y compañeras. Una de las experiencias más bonitas y transformadoras que viví durante mi etapa en el Instituto de Miralbueno fue, sin duda, el encuentro con ellos. Al principio, todo era nuevo, incierto, incluso un poco intimidante. Entré en un aula llena de rostros desconocidos, cada uno con su propia historia a cuestas, con sus miedos, sus fortalezas, sus sueños aún por nombrar. Me sentía una pieza suelta, intentando encajar sin saber muy bien cómo.

Pero bastó poco tiempo para que algo profundamente humano empezara a suceder: comenzamos a mirarnos con curiosidad, con respeto, con la voluntad de comprender. Poco a poco, las conversaciones tímidas se convirtieron en confidencias, las risas espontáneas en recuerdos compartidos, y los silencios incómodos en compañía sincera. Empezamos a encontrarnos, de verdad. A sostenernos sin darnos cuenta. A construir un espacio seguro entre todos, donde podíamos mostrarnos sin miedo, celebrar los logros del otro como propios y acompañarnos en los momentos de sombra. No éramos iguales, y tal vez ahí residía la riqueza de la experiencia. Esto si era diversidad e inclusión, de la que tanto se habla. Cada uno aportó algo distinto: una mirada, una risa, una mano tendida, una palabra precisa en el momento justo. Y sin darnos cuenta, fuimos tejiendo una red invisible pero fuerte, una pequeña familia elegida que aprendió a convivir, a cuidarse, y a crecer junta.

Mirando atrás, me doy cuenta de que ese grupo de compañeros y compañeras no solo formó parte de mi aprendizaje académico, sino de mi crecimiento personal. Gracias a ellos, entendí el valor de los vínculos genuinos, de la empatía real, de la amistad que no necesita grandes gestos para ser profunda. Y me llevo de ellos algo que no aparece en los títulos, pero que vale infinitamente más: la certeza de que no caminé sola.

Rápidamente, las miradas tímidas se transformaron en risas compartidas. Las charlas de primera hora se convirtieron en cafés de máquina o del bar, en recreos largos donde no faltaban las bromas ni los abrazos espontáneos. Cada examen fue un motivo para estudiar juntos, cada trabajo en grupo, una oportunidad para unir más los lazos. Compartieron todo: apuntes, bromas internas, momentos de estrés, celebraciones después de entregar un proyecto, y esos ratos en los que uno le explicaba al otro lo que no entendía, con paciencia y cariño.

Lo más bonito es que se conocieron tan profundamente que un día, en una actividad de clase, un profesor les pidió que describieran la personalidad de cada uno. Y lo hicieron con una precisión que sólo puede lograrse cuando hay verdadero vínculo. Todos acertaron. Porque sabían quién era sensible, quién usaba el humor como escudo, quién necesitaba un abrazo aunque no lo pidiera, quién daba siempre más de lo que mostraba. Se habían vuelto parte los unos de los otros.

Hoy, esas amistades son un pilar fundamental para ella. Sabe que no todo el mundo tiene la suerte de encontrar personas así en un entorno académico. Por eso las valora tanto. Porque han estado ahí no solo como compañeros, sino como refugio. Porque entre todos se han ayudado a crecer, a creer más en sí mismos, a atreverse a soñar más alto. Han sido testigos del cambio en cada uno, y también parte esencial de ese cambio.

Zambeze sabe que la vida, con su ritmo impredecible, los llevará por rutas diferentes. Que vendrán nuevos destinos, trabajos, responsabilidades… y que quizás no siempre podrán estar cerca, compartir el día a día o reencontrarse con la frecuencia que quisieran. Pero también sabe (con la convicción tranquila que deja lo vivido desde lo auténtico) que hay lazos que no se disuelven con la distancia ni se apagan con el paso del tiempo.

Porque lo que compartieron no fue superficial ni pasajero. Fueron miradas que hablaron más que las palabras, abrazos que llegaron justo cuando hacían falta, silencios compartidos sin incomodidad, y risas que aún resuenan al recordarlas. Fueron gestos sinceros, momentos cotidianos llenos de significado, y una complicidad construida sin prisas, desde la confianza y el respeto mutuo.

Zambeze intuye que esas amistades, nacidas en un momento crucial de su vida, no dependen de la cercanía física, sino de algo mucho más profundo: de una raíz común que quedó sembrada en tierra fértil. Porque cuando un vínculo nace desde la verdad, desde la entrega desinteresada y el afecto genuino, se convierte en un refugio que siempre espera, en una memoria viva que acompaña aunque pasen los años.

Y por eso, aunque el tiempo los disperse, aunque el mundo los lleve lejos, sabe que estarán siempre presentes de algún modo. Que bastará un mensaje, una mirada, una palabra, para reconocerse. Porque hay amistades que no necesitan explicación: simplemente son, y serán, para siempre.

Zambeze quiere dedicar un agradecimiento sincero, nacido desde lo más profundo de su corazón, a todas las personas que han formado parte de este camino tan transformador. Personas que no solo estuvieron presentes, sino que dejaron huella.

En primer lugar, a los profesores del Instituto de Miralbueno, quienes fueron mucho más que docentes: fueron guías, referentes, y, en muchos casos, refugio. Gracias por enseñar con paciencia, por estar disponibles incluso cuando el horario decía que la jornada había terminado. Gracias por mirar a cada alumno más allá de sus notas, reconociendo la persona que hay detrás: con sus miedos, su historia, su potencial. Cada uno, con su forma única de enseñar, ha dejado una marca profunda en su proceso de aprendizaje y en su crecimiento como ser humano.

Durante estos años, tuvo el privilegio de formar parte de una comunidad educativa donde la conexión con el profesorado fue especialmente significativa. Entre todos, dos docentes marcaron un antes y un después en su vida. No solo estuvieron atentos a su progreso académico —motivándola, retándola, ayudándola a sacar lo mejor de sí misma— sino que también supieron estar presentes en lo personal. La acompañaron en momentos decisivos, estuvieron atentos a sus emociones, y le ofrecieron un apoyo real que ha trascendido más allá del aula. A día de hoy, incluso con los estudios finalizados, siguen preocupándose por ella: preguntando cómo va su trabajo, cómo se siente en su día a día, recordándole que no está sola. Para ella, no son solo profesores: son faros, anclas, referentes de vida.

Gracias por cada explicación clara, sí, pero también —y sobre todo— por las sonrisas compartidas, los gestos de empatía, y esas veces en que supieron ver el cansancio detrás de una mirada o la ansiedad escondida en un gesto. Gracias por no limitarse al temario y enseñar algo más valioso: respeto, humanidad y presencia verdadera.

En especial, quiere agradecer profundamente a ese profesor con quien sintió una conexión especial y del que ya se ha hablado. Gracias por tu capacidad de escuchar sin prisa ni juicio, por tu sensibilidad, por saber cuándo ofrecer una palabra y cuándo simplemente acompañar. Tu manera de estar con los alumnos —genuina, serena, respetuosa— ha sido fuente de inspiración. Has sido luz en los días oscuros y siempre ocuparás un lugar especial en su memoria. No por lo que dijiste, sino por cómo lo hiciste sentir.

A sus compañeros y compañeras, les debe muchas de las mejores sonrisas de este camino. Gracias por los cafés entre clase y clase, por los almuerzos improvisados, por los chistes internos que solo ellos entendían, por las tardes eternas de estudio donde, pese al cansancio, siempre encontraban la forma de sostenerse mutuamente.

Gracias por las conversaciones profundas, por los consejos honestos, por los silencios que no necesitaron explicaciones. Por estar presentes en los días de celebración, pero aún más en los días difíciles. Por explicar pacientemente lo que no se entendía, por repetir mil veces un ejercicio sin perder la calma, por tener la sensibilidad de detectar cuándo alguien no estaba bien y ofrecer compañía sin invadir.

Desde el primer año, cuando todo era incierto y lleno de rostros desconocidos, algo especial comenzó a formarse entre ellos. Pasaron de ser extraños a amigos, y de amigos, a una pequeña familia. Aunque algunos siguieron otros caminos, quienes se quedaron demostraron que la verdadera amistad no depende del tiempo ni de la edad, sino de la calidad de lo compartido. Gracias por aceptarse tal como son, por acompañarse con respeto y por crear un espacio donde sentirse en casa. Gracias por haber coincidido en este tramo del viaje. Porque sin ellos, esta etapa no habría sido ni la mitad de significativa ni tan profundamente hermosa.

Me gustaría finalizar con una crítica constructiva sobre la valoración de las instalaciones de este instituto que tiene más de 50 años y que pese al mantenimiento del personal que allí cada día se esfuerza en dar lo mejor de sí mismo, quizás son unas instalaciones o recursos que no están adaptados a nuestro siglo actual. En cuanto a las instalaciones del Instituto de Miralbueno, se puede decir que, en términos generales, cumplen con lo básico para el desarrollo de la actividad educativa. Sin embargo, hay aspectos importantes que requieren atención y mejora, especialmente si el objetivo es ofrecer un entorno verdaderamente inclusivo, accesible y adaptado a las necesidades del alumnado actual.

Uno de los principales desafíos es la falta de accesibilidad para personas que utilizan silla de ruedas. Las rampas, accesos y baños no están completamente adaptados, lo cual limita de forma importante la autonomía de los estudiantes con movilidad reducida. Esta carencia no solo afecta su comodidad, sino que representa una barrera real a la igualdad de oportunidades dentro del centro.

Otro punto crítico es la conectividad. El WiFi del centro presenta serias deficiencias, lo que resulta especialmente problemático en un contexto educativo donde la digitalización es cada vez más necesaria. Esta falta de acceso estable a internet genera frustración e incluso puede comprometer el aprovechamiento de ciertas actividades o recursos online fundamentales.

También sería conveniente revisar la rigidez de los horarios de entrada y salida, especialmente en lo que respecta al alumnado mayor de edad. En ocasiones, la imposibilidad de salir o entrar con unos minutos de diferencia genera conflictos innecesarios que podrían evitarse con un enfoque más flexible y respetuoso con las distintas realidades del alumnado.

A pesar de estas carencias materiales, hay un aspecto que compensa con creces cualquier limitación del espacio físico: su equipo docente. El profesorado del instituto es, sin duda, su mayor fortaleza. No se limitan a impartir contenidos; se involucran, se preocupan, y se convierten en referentes de vida. Enseñan con vocación, con entrega y con una cercanía que transforma el aula en un lugar seguro. Muchos de ellos han sido, para el alumnado, apoyo emocional, ejemplo ético y faro en momentos de duda.

Por eso, más allá de lo que pueda mejorar en lo material, lo que hace del Instituto de Miralbueno un lugar tan especial es, sin lugar a dudas, la calidad humana de quienes lo habitan.

CAPÍTULO II:
La habitación más importante

———

El IES Miralbueno no es solo un edificio grande o un conjunto de aulas en las que transcurre la rutina de los estudiantes. Es un lugar donde muchos han llegado con heridas que no se ven y posibles dudas sobre su futuro. Y, sin embargo, al cruzar sus puertas, se respira calma. No es una calma perfecta ni idealizada, pero es suficiente para seguir adelante y no dar media vuelta.

Desde fuera, puede parecer cualquiera otro centro educativo, con una historia, pasillos y aulas. Pero al entrar, lo primero que observan los ojos del visitante no es lo mencionado anteriormente. Son aquellos trabajos de los alumnos que casi siempre están en exposición. Como si el centro tratase de recordar que allí lo importante no es solo enseñar, sino también mostrar las habilidades propias del alumnado.

Más de 50 años de historia, ni más ni menos. Más de cien docentes y personal que no están solo para enseñar, sino para acompañar. Para hacer del aprendizaje algo más humano. Porque en el IES Miralbueno no se imparten solo asignaturas, también se ofrece escucha y comprensión.

El día a día en el centro es diverso y cálido. Personas de distintas edades y pasados comparten el mismo espacio. A veces es en los pasillos donde se aprende lo más importante, como mirar a los demás con menos juicio, a hablar sin miedo, o a simplemente estar. El ambiente que se respira es familiar, cercano, como si todos supieran que, aunque diferentes, comparten una misma necesidad, la de ser comprendidos, guiados y valorados.

Los profesores, lejos de la distancia que tantas veces se espera de ellos, crecen al lado de sus alumnos, aprendiendo también de ellos. Se preocupan. Preguntan. Aconsejan. No enseñan desde una tarima, sino desde el mismo nivel y sobre todo, desde la empatía. Y en ese acto, que puede pasar desapercibido por parecer tan sencillo, hay algo transformador. Uno podría pensar que eso no cambia una vida. Pero lo hace. A veces, sin que uno se dé cuenta, puede bastar para salvar el día.

En una generación donde tantas veces el sistema parece aplastar a quienes se salen del camino trazado, este lugar, sin ser perfecto, se convierte en una excepción. Un paréntesis donde se puede volver a empezar, incluso cuando uno cree que ya no es posible.

Y puede que ese sea su verdadero valor, el de no ser un centro educativo más, sino el de convertirse, para muchos, en el primer lugar donde dejaron de sentirse perdidos.

Comenzar el ciclo superior de Gestión de Alojamientos Turísticos no fue una decisión tomada con ilusión ni entusiasmo. Más bien, llegó cargada de resignación y cierta apatía. Para ella, era simplemente un intento más, una oportunidad que parecía vacía, sin rumbo ni propósito claro. Venía arrastrando un cansancio profundo, no solo en lo académico, sino también en lo personal y vital. Había llegado a ese punto donde todo parecía una obligación pesada, una carga que debía cumplir sin más. Solo un paso obligado, un año más para completar, una rutina más que enfrentar.

Sin embargo, aquel año que parecía repetirse sin cambios no fue como esperaba. El sistema educativo sufrió una transformación importante, y con él, también se modificaron los planes de estudio y la estructura del ciclo. Fue en ese giro inesperado, en esa ruptura con la normalidad que ella ya conocía, cuando empezaron a aparecer nuevas luces en el camino.

De pronto, aquello que parecía solo una obligación empezó a abrir puertas a oportunidades distintas, a formas diferentes de aprender y crecer. Comenzó a ver que, detrás del cansancio y la rutina, había espacio para recuperar la motivación, para encontrar sentido en lo que hacía, y para mirar hacia adelante con un poco más de esperanza.

Fue un cambio sutil pero profundo: el paso de un trámite mecánico a una experiencia que, aunque desafiante, empezó a mostrarle que no todo estaba perdido. Que quizás, en medio de la incertidumbre, podía surgir algo valioso, algo que le permitiera reencontrarse consigo misma y con sus sueños.

El bloqueo mental, la ansiedad, el miedo a "ser demasiado mayor" al terminar... todas esas preocupaciones pesaban al entrar a clase, y cada dificultad añadida por la matrícula parcial parecía decir "esto no es para ti". En algún momento, varias manos aparecieron para tratar de ayudar. Los profesores. No con grandes discursos, pero con gestos pequeños y consistentes. Estaban ahí. Para explicar. Para adaptar. Para comprender. Para hacer lo posible y también lo imposible por ofrecer ayuda. No era un trato especial, era humanidad.

Gracias a ellos, el ciclo dejó de ser una carrera a contrarreloj y empezó a parecerse más a un trayecto compartido. Por primera vez en mucho tiempo, el estudio no era sinónimo de castigo, y el aula no se sentía como una jaula. Fue entonces cuando aparecieron también los compañeros. Y con ellos, un tipo de alivio nuevo, el de no sentirse tan fuera de lugar.

Sin necesidad de grandes acontecimientos. Solo conversaciones, intercambios algo discretos y alguna que otra mirada que no juzgaba. Pero eso fue más que suficiente. Porque venía de una historia donde lo normal era el aislamiento, la incomodidad, el deseo de desaparecer tan pronto como sonaba el timbre que indicaba el final de las clases.

Durante años había arrastrado una sensación de incomodidad dentro del entorno escolar. Experiencias anteriores en otros centros educativos que marcaron profundamente, erradicando las ganas de estudiar e interactuar con otros.

Siempre sintiendo cierta desconexión del mundo en general. Una sensación difícil de poner en palabras, como si existiera una capa invisible que separaba todo lo ajeno, asegurando que esa distancia se mantenía. Trabajar en equipo, por ejemplo, no era solo una cuestión académica o funcional, sino que implicaba enfrentarse a una vulnerabilidad. Esa mezcla de inseguridad y aislamiento se solía transformar en una especie de autoexigencia que terminaba en agotamiento emocionalmente.

En este centro, en esta clase, finalmente hubo algo parecido a pertenecer y, la posibilidad de darse el permiso de soltar parte de esa carga existente.

Por primera vez, no deseaba que el año terminara. Sentía que cada día tenía un valor que antes no había sabido apreciar, y en ese deseo se escondía una reconciliación profunda con su pasado. Este ciclo, con sus retos y aprendizajes, con esas personas que la rodeaban y esos profesores que la acompañaban, se convirtió en mucho más que un simple curso: fue la oportunidad de reescribir una etapa de su vida.

Una etapa que antes llevaba marcada por la frustración y el cansancio, que ahora comenzaba a transformarse en algo amable, lleno de significado y digno de ser recordado. Fue un espacio donde pudo encontrar respeto, comprensión y crecimiento, donde se permitió avanzar sin la presión de ser perfecta, donde aprendió a valorarse y a ver que, a pesar de las dificultades, era posible construir un camino propio y esperanzador.

En ese ciclo encontró un refugio, un punto de partida para reconciliarse consigo misma y mirar hacia el futuro con una nueva mirada, más abierta y llena de confianza.

El primer año sirvió para sentar las bases. Para deshacer los nudos antiguos. Para familiarizarnos con el sector turístico, y también para observar, desde lejos, la posibilidad de disfrutar de algo que siempre se había deseado y nunca se había tenido: una vida estudiantil feliz. Las clases, lejos de ser monótonas, estaban llenas de sentido. Cada módulo, aunque distinto, ofrecía algo interesante. Era difícil elegir uno favorito porque todos estaban llenos del amor con el que se enseñaban. Aprender ya no era un castigo, sino un privilegio.

Y entre teoría y práctica, todo comenzó a verse bajo una luz distinta, con una nueva perspectiva que antes no había imaginado. La habitación más importante ya no era la del hotel que aprendía a gestionar en el aula 9, con sus camas impecables, sus almohadas bien colocadas y sus servicios organizados al detalle. Esa habitación, aunque fundamental para su formación profesional, quedó en un segundo plano frente a otra mucho más esencial: la habitación interior, el espacio íntimo y personal que había estado descuidado, desordenado y, en muchas ocasiones, olvidado durante demasiado tiempo.

Esa habitación interna era un reflejo de ella misma, un lugar donde se acumulaban emociones sin resolver, miedos guardados en un rincón oscuro, recuerdos que a veces pesaban más de lo que podía soportar. Durante años, había vivido con ese espacio en caos, sin saber muy bien cómo ordenar lo que sentía ni cómo darle sentido a su propia historia.

Pero poco a poco, mientras aprendía a preparar y cuidar espacios para otros, a diseñar ambientes acogedores y funcionales en hoteles, también empezó a aprender a habitar su propio espacio interno. Su propio yo. Empezó a poner en orden aquello que antes parecía inabarcable. A limpiar los rincones donde se escondían la inseguridad y la tristeza. A organizar sus pensamientos y emociones con la misma dedicación y atención con que se preparaba una habitación para un huésped.

Este proceso no fue fácil ni rápido; fue una tarea delicada y profunda, un trabajo constante de autoconocimiento y cuidado personal. Fue aprender a valorar su propio bienestar tanto como el de los demás, a darse permiso para sentirse vulnerable y, a la vez, fuerte. A reconocer que su mundo interior también necesitaba ser acogido con respeto y ternura, y que solo cuidando esa habitación podría ofrecer lo mejor de sí misma al exterior.

Así, ese ciclo no solo le brindó herramientas para su desarrollo profesional, sino que se transformó en una experiencia de sanación y crecimiento personal. La gestión de alojamientos dejó de ser solo un aprendizaje técnico para convertirse en una metáfora viva de su propia transformación. La gestión de lo que ella misma alojaba. Cada vez que arreglaba una cama o preparaba una habitación, estaba también colocando un nuevo ladrillo en la construcción de su autoestima y su confianza.

De ese modo, el ciclo fue mucho más que un curso: fue un viaje hacia el interior, un encuentro con ella misma que, finalmente, le permitió habitar en paz ese espacio que tanto había necesitado ordenar.

A medida que se avanzaba hacia el segundo año, las primeras sensaciones de ansiedad comenzaron a dar paso a una pequeña sensación de confianza. No solo se trataba de repetir lo aprendido, sino de aplicar esos conocimientos en escenarios más complejos y con un enfoque mucho más profesional. Cada proyecto estaba cargado de una nueva responsabilidad. Pero también lo estaba de una nueva visión sobre la profesión.

Llegó entonces el segundo año, que tenía su propio peso, pero también una energía diferente. Ya no se trataba solo de aprender las bases, sino de retener todo lo que se había adquirido y, por fin, empezar a ponerlo en práctica en el mundo real. El ciclo comenzó a volverse más exigente, más cercano a lo que sería la vida fuera del aula. Todo lo aprendido durante el primer año pasó a convertirse en un reto en el que aprender cómo aplicar los conocimientos adquiridos de manera efectiva era necesario y, sobre todo, cómo seguir manteniendo la calma en medio de los cambios tan drásticos.

Además, la relación con los profesores, que al inicio era algo más formal, se transformó casi en un ambiente familiar. Su apoyo no solo se limitaba a lo académico, sino también a un acompañamiento más personal, que permitía enfrentarse al ciclo con una mayor seguridad. A lo largo del año, ese respaldo constante no sólo alimentó la motivación, sino que permitió la creación de un entorno incluso más comprensivo.

Especialmente, el módulo de Eventos se presentó como una oportunidad de oro. Era como una prueba de coordinación, de confianza y, sobre todo, de saber trabajar en equipo. Enfatizaba el valor de la cooperación y, aunque en un principio parecía sólo una asignatura más, con el tiempo se fue convirtiendo en una oportunidad para poder adquirir experiencia real. Trabajar en eventos en uno de los edificios más emblemáticos de la ciudad no solo era un reto profesional, sino también una demostración de cómo todo lo que se había estudiado hasta entonces comenzaba a tomar forma. La dinámica del módulo era única, porque no solo se trataba de gestionar lo visible, como pueden ser las mesas, decoraciones o incluso horarios. Era mucho más que eso. Era aprender a entender las emociones, las tensiones, la presión, y saber cómo calmar los nervios del equipo y de los asistentes, además de cómo delegar con confianza y escuchar las necesidades de cada uno.

Esas lecciones, aunque no se enseñan en los libros, se quedaron grabadas profundamente. Pues en cada evento, había una sensación de nervios que nunca desaparecía, pero con cada paso, la seguridad iba creciendo. El primer evento fue un tanto caótico, un cúmulo de nervios y emociones. Fue necesario organizar cada detalle, prever imprevistos, y estar al pie del cañón con la misma energía desde el primer minuto hasta el último. A veces, parecía que todo se desmoronaba, pero entonces, se descubría una forma de trabajar que no era sólo técnica, sino humana. La coordinación de todos los detalles, incluyendo la atención al cliente, implicaba la puesta en práctica de algo más valioso que cualquier conocimiento técnico.

Lo más difícil no fue organizar los eventos ni coordinar cada detalle, sino aprender a confiar en los compañeros, aunque con el tiempo se fue descubriendo lo enriquecedor de compartir ideas, responsabilidades y soluciones con otros. A veces, el mayor obstáculo no son los errores que uno comete, sino la constante lucha interna contra la inseguridad. Durante mucho tiempo, la idea de ser parte de algo más grande había sido ajena. Trabajar en equipo solía ser una tarea llena de miedo y desconfianza. La ansiedad estaba ahí constantemente.

Pero el ambiente del módulo de eventos cambió eso. La dinámica era distinta. Cada miembro del equipo, sin importar su experiencia o habilidades, encontraba su lugar, su tarea. No se trataba solo de hacer bien el trabajo, sino de estar allí, juntos, compartiendo la presión y la satisfacción.

La confianza que los profesores depositaron en los alumnos fue mucho más que un simple acto pedagógico; fue una manifestación sincera de dedicación, entrega y vocación, tanto dentro como fuera de su horario laboral. Estos docentes de segundo curso, especialmente, no se limitaron a transmitir conocimientos, sino que se implicaron profundamente en el proceso de aprendizaje, reconociendo en cada estudiante una persona con sus propios ritmos, dudas y fortalezas. Su labor iba más allá del aula: era un compromiso diario de estar presentes, de acompañar, de motivar y de construir un entorno en el que cada alumno pudiera sentirse valorado y capaz.

Cada tarea se compartía con un espíritu colaborativo, donde nadie quedaba excluido ni se sentía solo ante un reto. En ese espacio, aprender a delegar dejó de ser una fuente de miedo o inseguridad y se convirtió en una práctica natural y necesaria. Pedir ayuda ya no era motivo de vergüenza, sino una muestra de valentía y autoconocimiento. Aprender a reconocer los propios límites, sin caer en la culpa o la autoexigencia excesiva, se transformó en una valiosa lección de respeto hacia uno mismo.

Este enfoque pedagógico basado en la dedicación y la humanidad permitió que el esfuerzo diario, incluso el más pequeño, fuera reconocido y agradecido. Ese simple acto de valorar el trabajo cotidiano tuvo un impacto enorme: dejó de ser motivo de autocrítica dura y se convirtió en un aliciente para seguir avanzando. Gracias a ese apoyo constante, los alumnos comenzaron a liberarse del peso del perfeccionismo y de la sensación de insuficiencia que tanto les había acompañado.

Con el tiempo, el trabajo en equipo dejó de ser solo una dinámica académica para convertirse en un espacio seguro, un refugio donde cada persona podía mostrarse tal cual era, con sus fortalezas y vulnerabilidades. Esa seguridad emocional, cultivada con paciencia y dedicación por los profesores, se convirtió en la base sobre la que se construyeron no solo aprendizajes, sino también confianza, autoestima y resiliencia.

Así, la vocación de estos docentes se hizo visible en cada gesto: en la escucha atenta, en la palabra alentadora, en la comprensión silenciosa, y en la insistencia constante en que cada alumno tenía un valor único y una capacidad real para crecer. Fue una pedagogía con alma, que dejó huella profunda y que transformó la experiencia educativa en un verdadero camino de vida.

Los compañeros sabían exactamente lo que cada uno necesitaba para avanzar, y se brindaban apoyo sin reservas. Esas pequeñas acciones se transformaron en momentos de crecimiento personal y colectivo.

A medida que los eventos fueron sucediéndose, algo cambió. De repente ya no era la misma persona que al inicio del ciclo, ni la que había llegado llena de dudas y miedo al futuro. Aunque todavía quedaba mucho por aprender, el proceso ya estaba en marcha. La ansiedad no desapareció del todo, pero empezó a ser menos paralizante. A través de las actividades, los compañeros y el apoyo constante, algo se fue reordenando. El mismo espacio en el que había aprendido a gestionar un hotel, se convirtió también en el lugar donde se aprendió a gestionar las emociones, a organizar los pensamientos y a dejar de tener miedo y dar un paso adelante. El segundo año fue un viaje de autodescubrimiento tanto profesional como personal.

Al final del año, llegó la autorrealización de que lo que antes parecía un obstáculo imposible de superar, había quedado atrás. El ciclo de Gestión de Alojamientos Turísticos no solo nos preparó para la vida laboral, sino que ofreció la oportunidad de aprender a ser parte de algo más grande, de un equipo. Y eso, sin duda, es lo más importante. Descubrir que el aprendizaje no solo ocurre en las aulas, sino también en los pasillos, en los descansos, en los momentos de frustración y en el éxito.

Una de las experiencias más valiosas del segundo año fue sin duda la oportunidad de trabajar en eventos reales.

Cada evento era distinto, con nuevas temáticas, públicos diferentes, imprevistos que exigían atención inmediata. Nada se repetía, y por eso, la capacidad de adaptación se volvió en una habilidad esencial. No basta con tener conocimientos técnicos o un plan bien estructurado, ya que el verdadero aprendizaje surgía en el momento exacto en que algo no salía como se esperaba. Ahí, en el desajuste, había una oportunidad de improvisar con criterio y de comunicarse mejor con el equipo. El módulo enseñó a cambiar el enfoque cuando era necesario, a soltar el control cuando ya no servía, y a comprender que, en este sector, saber adaptarse es tan valioso como saber planificar.

Una de las cosas que más valoró del ciclo fue la forma en que se combinaba la teoría con la práctica. No se trataba solo de memorizar conceptos, sino de vivirlos y probarlos. Dentro del aula, existía una recepción completamente montada, un espacio donde se podían recrear situaciones reales de atención al cliente. También había una pequeña habitación de hotel, donde se aprendían tareas de pisos, normas de limpieza, atención al detalle.

Las prácticas con la aplicación de software profesional completaban y daban sentido a toda la experiencia formativa. A través de ellas, se aprendía a gestionar reservas en tiempo real, a distribuir estratégicamente las habitaciones según la demanda, a coordinar servicios de limpieza, mantenimiento y atención al cliente, y a prever las necesidades del establecimiento como lo haría un auténtico gestor de alojamientos turísticos. Cada simulación acercaba un poco más a la realidad del sector, permitiendo que la teoría adquiriera forma y ritmo en un entorno controlado pero exigente.

Pero lo más valioso no era solo el manejo técnico de la herramienta, sino la manera en que se desarrollaban esas prácticas: en equipo, siempre desde la colaboración. Ningún ejercicio era completamente individual. Las tareas se repartían con lógica y responsabilidad, las decisiones importantes se debatían de manera conjunta, y los errores —que inevitablemente surgían— se analizaban sin culpa, con una mirada crítica pero constructiva. Se aprendía tanto del acierto como del fallo, y lo que podía haber sido una simple tarea académica, se convertía en un espacio real de crecimiento y confianza.

La práctica reflejaba, en pequeña escala, lo que sería el trabajo en un alojamiento turístico real: un entorno donde todo funciona gracias a la coordinación, el diálogo y la responsabilidad compartida. Esa dinámica no solo fortalecía las habilidades técnicas, sino también las humanas: la empatía, la escucha, la flexibilidad, la paciencia, y el compromiso con el grupo. Se comprendía que liderar no es imponer, sino acompañar, y que delegar no significa desentenderse, sino confiar.

A través de esas prácticas, cada alumno no solo se preparaba para ejercer una profesión, sino que también desarrollaba una visión más clara de sí mismo, de su forma de trabajar con otros, de sus fortalezas y de los aspectos que aún podía mejorar. Era una experiencia completa, realista y profundamente formativa, en la que el aprendizaje colectivo se convirtió en una herramienta de transformación individual.

Durante mucho tiempo, no estaba claro hacia dónde quería encaminar la vida profesional. Todas las opciones parecían ajenas, como si ninguna encajara del todo. No era por falta de interés o capacidad, sino por una sensación persistente de no encontrar un lugar. Sin embargo, a medida que el ciclo avanzaba, no sólo aprendía conceptos o habilidades prácticas, aprendía de la forma en que los profesores enseñaban, del cuidado con el que trataban cada duda, de la paciencia con la que repetían explicaciones, de la pasión con la que compartían lo que sabían. Y fue en ese reflejo donde, por primera vez, vislumbra una vocación.

Enseñar. No por repetir exactamente lo aprendido, sino por devolver lo que este ciclo ofrece, que es comprensión, estructura y motivación. Quería ser capaz, algún día, de mirar a un alumno de la misma manera, no solo como un estudiante, sino como una persona en construcción. Poder ayudar a futuras generaciones de la misma manera en que había recibido ayuda, con la misma humanidad, paciencia y sentido del compromiso. Descubrir esa posibilidad trajo una nueva ilusión que antes no tenía, la de construir un futuro en el que lo emocional y lo profesional no fueran opuestos, sino aliados.

Quizás porque nunca había conocido en este centro a un solo profesor que hiciera sentir mal por no entender algo. Al contrario, todos se aseguraban de explicar con paciencia, con dedicación e interés genuino en que cada estudiante aprendiera de verdad. Daban espacio para respirar, para preguntar, para equivocarse sin miedo. En un entorno como ese, crecer y desarrollarse es posible. Incluso en los días difíciles, cuando la mente está agotada o la motivación se tambaleaba, los docentes estaban ahí.

Muchos de ellos llevaban años impartiendo las mismas asignaturas, pero en cada clase había pasión, intención, compromiso. No enseñaban solo por obligación, sino porque creían profundamente en lo que hacían.

No miraban solo exámenes o entregas de trabajos, miraban y notaban rostros, estados de ánimo, silencios. Se preocupaban por la salud mental del alumnado, conscientes de que no se puede aprender si el cuerpo y la mente están al límite. Una vez una frase dejó marca, esta decía que no puedes dar el 100% si no estás al 100%.

Los profesores (cada uno con su estilo, su carácter, su forma de enseñar y de estar en el mundo) fueron mucho más que transmisores de contenido. A lo largo del ciclo, se convirtieron en una especie de familia adoptiva. No en el sentido convencional, sino en ese otro, profundo y simbólico, que habla de vínculos elegidos y cuidados desde la autenticidad. Una familia hecha de palabras sabias, de miradas que sostienen, de gestos que acompañan incluso cuando no se dicen en voz alta.

Había quien actuaba como un hermano mayor, animando desde la cercanía; quien se asemejaba a una madre paciente, capaz de detectar cuándo algo no iba bien sin necesidad de preguntar; quien, con su rigor y exigencia, enseñaba a superarse sin perder la ternura; y quien, desde el humor o la espontaneidad, ayudaba a que los días grises fueran un poco más llevaderos. Cada docente, en su materia y desde su manera de estar, fue construyendo algo más que clases: un espacio de referencia emocional.

Porque aunque el camino tuvo momentos duros, dudas, cansancio y altibajos, también ofreció algo invaluable: seguridad. Esa es la palabra. Esa seguridad que nace de sentirse visto, acompañado, valorado. Los profesores no solo prepararon para una profesión, también acompañaron procesos personales que iban más allá de lo académico. Ayudaron a poner palabras donde antes solo había confusión. A creer de nuevo en la capacidad de aprender, de crecer, de rehacerse.

Y como ocurre con las familias que dejan huella, algo de ellos permanece dentro. Su forma de hablar, de trabajar, de cuidar a los demás… quedan grabadas como pequeñas brújulas internas que, de ahora en adelante, acompañarán en otros contextos, en otros caminos. Este ciclo no solo ofreció una formación técnica y profesional de calidad: fue también una experiencia reparadora, que ayudó a cerrar heridas, a resignificar el pasado, y a imaginar el futuro desde un lugar más esperanzador.

Y aunque, como toda familia, en algún momento se separen los caminos, el vínculo no se rompe. Porque las huellas emocionales (las que se dejan desde el respeto, la dedicación y el afecto) no desaparecen: se quedan latiendo en la memoria, como recordatorio de que aprender también puede ser una forma de sanar.

CAPÍTULO III:
El río Ésera

Presentación

É sera aparentemente no parece muy profundo y quizás no lo sea, pero dentro de él, hay mucho más, tanto que ni el mismo Ésera conoce. Pocas personas han podido explorar lo que se encuentra dentro de él. Son estos los que hablan de la cantidad de secretos y maravillas que esconde, mientras que los que no entran y simplemente observan la superficie, quizás atreviéndose a rozar sus aguas, hablan de la simplicidad y calma que proyecta.

Si no fuese por las personas que lo han explorado, ni el mismo Ésera sabría hacia dónde se dirige, pues se mueve entre notas musicales que quizás sean lo único que le da verdaderamente la calma porque, si fuera por el Ésera, se aislaría en la música. La música quizás sea la única forma que tiene de expresar al 100% sus sentimientos o mejor dicho, secretos. Por ello, el Ésera se aleja, se aleja de lo convencional y de intentar adentrarse en otros ríos. Aunque no le importa tener gente en sus orillas y de hecho es uno de sus deseos, prefiere que no se adentren en sus aguas, ya que lo que encontrarán son unas aguas gélidas que congelarían a cualquier insensato/a que decida emprender esa aventura. Sí, gélidas, pero llenas de vida, una vida que sólo prospera en ese ambiente. Una vida que se mueve entre música y sentimientos confusos.

Ese frío es la causa de sus sentimientos confusos, los cuales probablemente le acompañen en todo el transcurso del Ésera, pues este se siente "bien" así, y lo escribo entre comillas porque el mismo Ésera siempre dirá que está bien, sin importar la situación. Preocupante sería que diga que no está bien. Incluso si no está bien, siempre elegirá decir "bien" antes que preocupar a los visitantes de sus orillas y abrir sus profundidades.

Aunque el Ésera es en esencia un río frío y difícil de adentrarse, acogerá siempre a sus visitantes que se mantengan en las orillas con paz y felicidad. Son muy pocos los que tienen la valentía de explorar y menos los que deciden quedarse en sus profundidades.

Es sin duda sorprendente, ya que el Ésera no tuvo un nacimiento difícil y siempre fue un río con un transcurso estable, cuidado y tranquilo, sin inundaciones ni sequías. Pero ahora encontramos un río aparentemente igual por fuera, totalmente congelado por dentro. Sin saber muy bien por qué, el Ésera simplemente fluye entre notas musicales y sigue su curso.

Currículum académico, experiencia en el IES Miralbueno…

De pequeño el Ésera siempre destacó en los estudios, quizás no mucho en el ámbito de las ciencias puras, pero sí en las ciencias sociales y en la música.

Hizo un Bachillerato turbulento, el cual tambaleó la idea que se tenía del Ésera, la idea de un estudiante de 10 y muy responsable. Tanto lo llegó a tambalear que repitió 2º de Bachillerato, pero solo con una asignatura. Aunque para la mayoría esto sería un gran fracaso, el Ésera lo vio como una oportunidad, una oportunidad de centrarse en su transcurso, en los ratos que no tenía clase, que eran muchos, lo encontrabas practicando con su primera guitarra acústica. Para el Ésera esto era un sueño cumplido. Comenzó a centrarse en su salud física y se apuntó al gimnasio.

Todo esto le hacía sentir muy bien, pero sabía que no duraría mucho, ya que tendría que volver a la rutina después de superar ese año extra de Bachillerato.

¿Por qué repitió? Ni él lo sabe, simplemente cree que no se sentía ni motivado ni acogido en ese sistema educativo. Cabe destacar que hizo buenos amigos en ese periodo y además en el año que repitió pudo conocer a una de las pocas personas que han podido adentrarse en sus profundidades, pues encontró de pura casualidad a la persona indicada para entrar en sus sentimientos.

¿Qué ocurrió después del Bachillerato? Te preguntarás. El Ésera decidió que ese año lo invertiría en sí mismo y no se dedicó a estudiar mucho, simplemente siguió en la Escuela de Idiomas estudiando ruso, otra gran pasión de nuestro pequeño río. Este año, aunque no fue aparentemente gran cosa en los ojos de otras personas, el Ésera consiguió una relación increíble con su compañera de transcurso, aunque lejana y siguió progresando con la guitarra, la cual siempre le acompañaba.

Pasado ese año, se sentía perdido, solo, sin rumbo. Era una pesadilla hecha realidad, sin propósito un río se estanca y muere. Sabía que no podía seguir así toda la vida. Fue entonces cuando descubrió su pasión, algo que siempre estuvo en la sangre, o mejor dicho, en el agua de su familia, la hostelería. Comenzó a trabajar en un bar en el cual era muy felíz, estaba aprendiendo habilidades muy importantes para su futuro tanto personal como profesional. Así, el Ésera se dió cuenta que eso era lo que necesitaba en su vida, aprender habilidades útiles y así descubrió la FP. Sin saber muy bien donde meterse, descubrió en CFGS de Gestión de Alojamientos Turísticos. Le gustaba como sonaba, le parecía útil aquello de "Gestión" y sobre todo le llamaba la atención eso de "Alojamientos Turísticos". Ahora Ésera soñaba con trabajar en un hotel y sabía que para aprender el funcionamiento de estos, debía superar esta FP.

Llegó tarde, ya que se matriculó en la 2ª convocatoria, lo cual le causó mucho apuro aquello de volver al sistema educativo. Volver a comenzar, a encontrar una clase llena de desconocidos con los que no sabía si se llevaría bien.

Ésera llegó al IES Miralbueno, en la otra punta de su ciudad. Esto suponía el primer obstáculo que debía superar, pero cuando llegó se encontró con muchos más.

Instalaciones muy antiguas y poco agradables para el estudiante y una clase llena de desconocidos. Ésera tenía miedo, por primera vez en su vida no sabía interactuar con sus nuevos compañeros. Podríamos decir que sus primeros días fueron difíciles, pero poco a poco, el grupo le fue acogiendo.

No tardó mucho en hacer sus primeras amistades y algunas, muy buenas. Ésera se empezaba a sentir como en casa en aquel lejano IES Miralbueno. Hablando de casa, Ésera siempre esperaba el momento de volver a casa con ansías, pues siempre estaba pensando en su guitarra. Si alguna vez estuvo despistado en clase seguro que estaba pensando en ella o en su amada.

Cuando volvía a casa no podía resistirse a sonreír mientras contaba a su familia como había ido el día. Se sentía verdaderamente orgulloso de pertenecer al IES Miralbueno y de aprender todas esas habilidades para su futuro.

Más adelante, ese grupo de clase se fue "depurando" y la gente que según él sobraba y no aportaba nada fue desapareciendo. Para Ésera, fue la mejor noticia que podía recibir. Gracias a esto, el grupo se fortaleció y se consolidó como una "pequeña gran familia".

Ésera podría decir que este año fue de los mejores de su vida, había aprendido tantas cosas… no solo de sus estudios si no de sí mismo, gracias a un equipo docente muy profesional y capacitado.

Durante este año, Ésera nunca dudó de sí mismo y superó el primer curso, entrando a un verano cargado de conocimientos, amigos y experiencias inolvidables. Nunca podrá olvidar los eventos realizados con su profesor Alfredo en compañía de sus amigos. Sin duda, estos eventos fueron haciendo al grupo cada vez más fuerte y perfecto para Ésera.

Cuando llegó el segundo curso, Ésera había esperado el día de volver al IES Miralbueno con ansias, de ver a su segunda familia, a sus profesores... Todos ellos hacían que el aparentemente triste y abandonado IES Miralbueno pareciese el mejor instituto del mundo, porque así lo era para Ésera, era el lugar en el que estaba con su segunda familia.

El segundo año fue agotador para todos, Ésera cree que su motivación no se desvaneció gracias a sus compañeros, a su guitarra y a sus profesores, porque fue un curso agotador. Hablando de guitarras, es importante decir que Ésera compró una nueva guitarra durante este año, esta vez con sus ahorros adquiridos por trabajar, lo cual le daba un toque muy personal a su nueva guitarra. Esta nueva guitarra era eléctrica, la que siempre quiso comprarse, con la que siempre quiso expresar todos sus sentimientos. Gracias a ella podía expresarse aún más que con su otra guitarra. Su guitarra parecía ser lo único que le daba el confort y la motivación para seguir adelante que tanto buscaba. Día y noche estaba practicando con la guitarra o mejor dicho, hablando, expresándose con la música, su única forma de liberarse al 100% de todas sus emociones. Pasaba todas las horas pensando en ella, en querer volver a casa para poder hablar con ella, le contaba sus penas, sus alegrías y sus logros, sus miedos… Pues Ésera cree que sin ella nunca podría sobrevivir.

Vivió un segundo curso agitado, con el sueño de irse de Erasmus a Irlanda, era un objetivo muy importante para él, pues quiere irse a Irlanda en un futuro para establecerse allí. Para él es el país perfecto pero nunca tuvo seguro el poder irse, era un país con el que el IES Miralbueno nunca había trabajado y no había convenios y aunque nunca se rindió, siempre pensó que no saldría bien. Ahora se encuentra cumpliendo un sueño, está en Irlanda, tras haber superado todos los exámenes del segundo curso, un curso que si no fuese por la compañía, la guitarra, su novia, sus profesores y sobre todo, por Ésera, aunque no lo crea, no lo habría superado.

Ahora en Irlanda se encuentra de nuevo en un ambiente desconocido, solo, pero sin miedo, no tuvo miedo en ningún momento ni en irse ni en presentarse en el hotel al que acude de lunes a viernes todas las mañanas. Quizás no esté con la mejor compañía en su residencia compartida y además, se encuentra separado de su guitarra, pero no se siente abandonado, siente que está cumpliendo su sueño y que todo lo hecho estos 2 años, los eventos con Alfredo, las amistades, sus profesores y sobretodo, el esfuerzo, le está dando la oportunidad de vivir un sueño, triunfar en Irlanda.

Emociones que ha sentido

El comienzo de Ésera en el IES Miralbueno fue complicado, pues se sentía muy solo e incapaz de volver al sistema educativo, pero poco a poco fue descubriendo que la FP es mucho más que estudiar un examen. Cada día que pasaba se sentía más arropado aunque había muchos días que simplemente no quería saber nada de nadie y solo quería aislarse en la música y llenar su cabeza del sonido de su guitarra. Esos días quizás estaba cargado de ira por no saber hacia dónde se dirigía su vida o quizás de inseguridad al no sentirse capaz de poner su vida en el rumbo correcto.

El viaje hacia Miralbueno era otro problema, pues era muy agotador tener que ir hasta un barrio lejano que tampoco era muy agradable a la vista de Ésera y aún era peor en los días fríos de invierno, esperando al aire libre a que abriese alguien la puerta de clase. Sinceramente, Ésera acabó agotado de esto y cuanto menos quedaba para terminar las clases más le costaba levantarse para ir a clase. Aún con todo esto, Ésera no solía llegar tarde nunca y si lo hacía era por otras razones que no eran haberse dormido. Siempre llegaba el primero, de algún modo esto le hacía feliz, le encantaba ser responsable con su horario pero también el silencio y la oscuridad que envolvía al IES Miralbueno a las 7:30 de la mañana. Esto le confortaba y pasaba los minutos pensando en quién llegaría primero de sus compañeros de clase.

Cuando en el primer curso solo llegaban pocos a clase era lo mejor del día, se sentía mejor así, con los compañeros más cercanos a Ésera, por ello, se alegró mucho cuando comenzó a desaparecer la gente que no quería realmente estar allí. Ocurría todo lo contrario cuando la clase estaba llena, llena de gente que Ésera no quería cerca. Le drenaba toda la energía positiva con la que iba a clase y solo quería que desaparecieran y así ocurrió, como un milagro.

Ahora en Irlanda, conforme fueron pasando los días, se siente acogido y cómodo con su nueva vida. Le encanta estar allí, además, Irlanda es como Ésera, fluye entre las notas musicales de sus vibrantes calles y de su gente. A Ésera le encanta estar allí, no solo por el país, ya que ha tenido la posibilidad de sentir mucha independencia y para colmo no se han olvidado de él, ha recibido numerosas visitas y también ha viajado desde allí, No podría estar mejor.

En el trabajo se encuentra cómodo, ya ha hecho amistades y ha conocido a mucha gente maravillosa allí.

La agonía y la ansiedad que sentía los primeros días ya ha desaparecido, esos días fueron muy difíciles para Ésera, pues sentía que no había esperanza en Irlanda, pero enseguida se dio cuenta de que estaba todo en su cabeza.

Ésera sabe que, cuando vuelva a su hogar, va a ser alguien diferente por dentro.

Lo único negativo que destaca Ésera es que su trabajo le parece muy aburrido, pero no le importa demasiado, está aprendiendo y además sabe que no va a dedicarse a su actual empleo. Dentro de lo malo siempre encuentra algo bueno, el aprendizaje, la gente y la sensación que le ofrece ese grupo automáticamente anula lo negativo del trabajo para Ésera.

Agradecimientos

Ésera se siente profundamente agradecido por todo lo vivido durante estos años. No ha sido un camino fácil, pero ha estado lleno de aprendizajes, encuentros significativos y momentos que guardará para siempre. En primer lugar, quiere agradecer de corazón a su familia. Aunque a veces no lo expresara, su presencia silenciosa, su constancia y su amor incondicional han sido el pilar que ha sostenido sus pasos cuando más lo necesitaba. Incluso en los momentos en los que no se dio cuenta, ellos estaban ahí, y hoy lo reconoce con gratitud y emoción.

No puede dejar de mencionar el valor inmenso de su grupo en el IES Miralbueno. Ese grupo no fue solo un conjunto de compañeros: se convirtieron en una pequeña gran familia. Juntos rieron, estudiaron, se frustraron, se apoyaron. Gracias a ellos, muchas cosas que parecían complicadas se volvieron más llevaderas, incluso hermosas. Le ofrecieron un refugio, una tribu, un equipo con el que compartir no solo tareas, sino también emociones y vida.

Y, por supuesto, su agradecimiento más sincero y sentido va dirigido al profesorado, por su apoyo constante, por enseñar con respeto, cercanía y vocación auténtica. Cada uno, con su estilo, ha contribuido a que Ésera no solo aprendiera contenidos, sino también a confiar más en sí mismo y a entender que el aprendizaje es también una experiencia humana.

A Carmen, por su sensibilidad y por estar siempre atenta a lo que no se decía en voz alta. Por tener la capacidad de ver más allá del alumno, y reconocer a la persona que está detrás. Su delicadeza, su forma de acompañar sin invadir, dejó una huella honda y cálida.

A Pilar, por su fuerza tranquila y su manera de sostener sin juicio. Por su compromiso, por su sentido del humor y la risa, por crear espacios donde todo el mundo podía sentirse válido y emocionalmente protegido. Gracias por su confianza, por estar ahí cuando más se necesitaba, y por su forma genuina de hacer sentir a cada estudiante que importa.

Y a Alfredo… Gracias por todo. No solo por su profesionalidad o por haber abierto las puertas a experiencias tan transformadoras como la recepción de un hotel o los eventos, sino por algo aún más valioso: por su humanidad. Por ofrecer siempre un espacio seguro, por animar a expresar emociones sin miedo ni vergüenza. Por demostrar que enseñar también es escuchar, y que dirigir también es cuidar. Por confiar, por mirar con atención, por estar. Alfredo no solo fue un profesor, fue un referente, una figura clave en este proceso, alguien que marcó un antes y un después.

A todo el equipo Erasmus, gracias por hacer posible ese viaje a Irlanda, una experiencia que cambió muchas cosas y que será siempre una etapa inolvidable. Y a la gente conocida allí: compañeros de trabajo, de habitación, personas que pasaron de ser desconocidas a cómplices de un viaje que se volvió hogar.

Y, cómo no, a la música. A esas guitarras que le acompañaron en noches largas, en momentos de reflexión, de desahogo, de celebración. La música ha sido refugio, motivación, compañía silenciosa y poderosa. Un hilo invisible que ha conectado los días difíciles con los más luminosos.

Gracias mil a todos y todas. A quienes estuvieron cerca, a quienes acompañaron en la distancia. A quienes enseñaron con palabras, y a quienes lo hicieron con gestos. Cada uno ha sido parte de este proceso. Y gracias, sobre todo, por ayudarle a seguir adelante sin dejar de ser él mismo.